SHERLOCK AND WATSON ESCAPE BOOK

5e – 4e

Révise ton anglais
en menant l'enquête !

GILLES SAINT-MARTIN

LAROUSSE

Direction de la publication : Carine Girac-Marinier
Édition : Ella-Meï Tabernero Chaudet
Vérification du texte français et des jeux : Sophie Petitprêtre
Direction artistique : Uli Meindl
Conception graphique : Sophie Rivoire
Mise en page : SKGD-Création
Fabrication : Marlène Delbeken

Crédits des illustrations : © Shutterstock

ISBN : 978-2-03-598810-2

FOREWORD

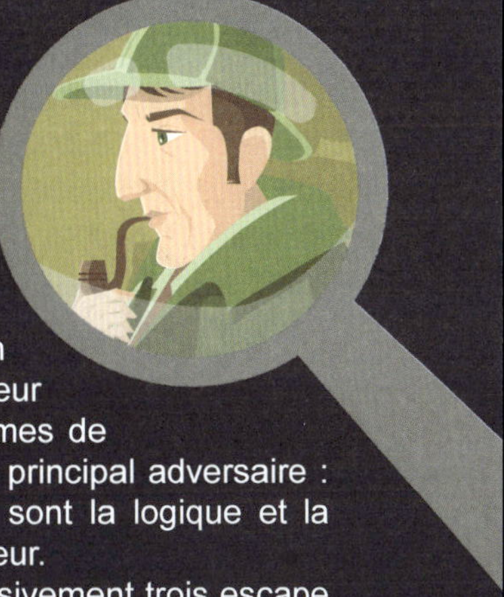

Tu es Sherlock Holmes, le célèbre détective britannique du XIXe siècle. Seul ou avec ton ami le docteur Watson, tu aides l'inspecteur Lestrade et Scotland Yard à déjouer les crimes de toutes natures, et en particulier ceux de ton principal adversaire : le professeur Moriarty. Tes armes favorites sont la logique et la déduction, et dans ce domaine, tu es le meilleur.
Dans ce livre, tu vas devoir résoudre successivement trois escape games qui te permettront d'empêcher le prochain méfait de Moriarty. À la fin de chaque escape game, tu obtiendras la réponse à l'une des 3 questions fondamentales : où (*where*), quand (*when*) et quoi (*what*).
Les énigmes qui t'attendent sont rédigées en anglais et font intervenir des notions du programme de 5e. Cette aventure te permettra donc de réviser tout en t'amusant.
Si tu es bloqué face à des énigmes ou si tu souhaites vérifier tes réponses, n'hésite pas à consulter les solutions qui se trouvent à la fin du livre. Aide-toi du lexique si besoin.

You are Sherlock Holmes, the famous nineteenth-century British detective. Alone or with your friend Doctor Watson, you help Inspector Lestrade and Scotland Yard to foil all kinds of crimes, especially those planned by your main adversary, Professor Moriarty. Your favourite weapons are logic and deduction.
In this book, you will have to solve three escape games one by one. This will allow you to prevent Moriarty from committing his next crime. At the end of each escape game, you will get the answer to one of three fundamental questions: Where?, When?, and What?
The puzzles are written in English and contain grammar and vocabulary that you learn at school. This adventure will give you an opportunity to revise while having fun.
If you get stuck, or if you want to check your answers, feel free to check the solutions at the end of the book.

GOOD LUCK, SHERLOCK HOLMES!

SOMMAIRE

ROYAL ALBERT HALL

BACKSTAGE OF THE ROYAL ALBERT HALL

C'est la veille de Noël. Tu es avec le docteur Watson dans les coulisses du Royal Albert Hall. Après avoir assisté à un magnifique concert, vous souhaitiez féliciter le chef d'orchestre pour sa prestation. La porte a été verrouillée dans votre dos et vous vous demandez pourquoi.

- *À la sortie du concert, j'ai vu un homme en cape et chapeau haut de forme qui nous observait dans l'ombre,* révèle Watson.

- *Je l'ai remarqué aussi,* confirmes-tu. *C'est lui qui nous a enfermés et je pense savoir de qui il s'agit.*

- *Qui ?*

- *Élémentaire, mon cher Watson : c'était le professeur Moriarty.*

- *Comment ! Ici ? Ce bandit !*

- *Être un criminel n'empêche pas d'aimer la belle musique.*

- *Il faut le retrouver ! Il faut sortir d'ici !*

- *J'allais vous le proposer. Et par la même occasion, nous allons tenter de comprendre pourquoi il a voulu nous mettre hors jeu. Je sens que cela va être très intéressant…*

PUZZLE 1

Au pied d'une armoire, tu trouves une partition musicale plutôt étrange.
- *C'est un message codé, Watson,* annonces-tu. *Voyons ce qu'il nous dit…*
Décode le message, puis inspires-t'en pour compléter les quatre mots se trouvant sous les symboles.

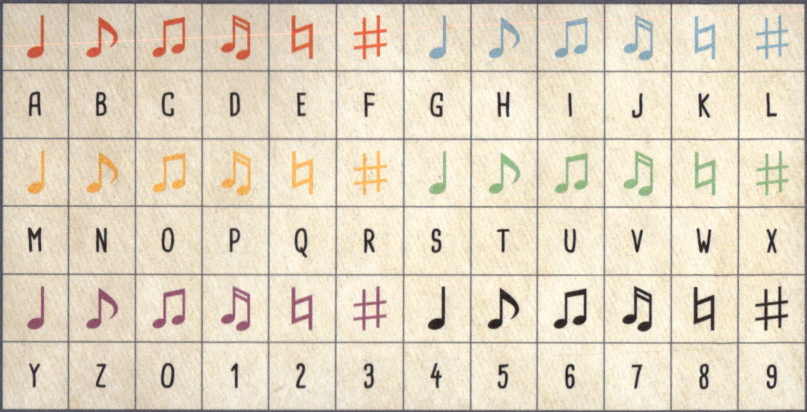

___ _ ________-________ ________

_______ _______ _______ _______

L'INDICE N° 1 CORRESPOND À LA POSITION DANS LE MOT « SEASON » DE LA SEULE LETTRE QUI N'EST PAS DANS LES QUATRE MOTS QUE TU AS TROUVÉS :

PUZZLE 2

Au dos de la partition figure une liste illustrée d'instruments de musique qui attise ta curiosité.
- Cette liste cache un indice, Watson, déclares-tu. *C'est élémentaire…*
Place chaque mot dans la grille, puis relève les lettres colorées afin de découvrir le mot secret.

BAGPIPES, TRUMPET, CLARINET, CELLO, DRUM, VIOLIN, HARP, PIANO, FLUTE.

MOT SECRET :

L'INDICE N° 2 CORRESPOND À LA POSITION DE LA LETTRE « H » DANS LE MOT QUE TU AS TROUVÉ :

PUZZLE 3

Guidé par cet indice, tu t'intéresses à un coffre rempli de masques de théâtre. Leurs étiquettes se sont détachées et des notes manuscrites sont inscrites sur une feuille.

- *Ces masques sont très expressifs, n'est-ce pas, Watson ?*

Observe les masques et aide-toi des notes pour associer chaque visage à son prénom. Pour trouver le mot secret, relève les initiales de chaque prénom dans l'ordre donné par les numéros des masques auxquels ils correspondent.

FRANKLIN IS ANGRY.

ISAAC IS SCARED.

ALBERT IS HAPPY.

ANDREW IS SAD.

CHARLES IS ANXIOUS.

RON IS BORED.

FRANKLIN

6

4

CHARLES

ALBERT

1

RON

3

ISAAC

ANDREW

2

5

Mot secret :

L'INDICE N° 3 CORRESPOND À LA POSITION DE LA LETTRE « I » DANS LE MOT QUE TU AS TROUVÉ :

PUZZLE 4

Derrière le coffre, tu remarques un tableau étonnant. Des notes sont inscrites sur son verso.
- *Je pense que ce tableau cache un code, Watson,* dis-tu. *Occupons-nous chacun d'une face…*
Barre les masques décrits et relève, de gauche à droite et de haut en bas, les lettres correspondant aux masques restants. Elles te donneront le mot secret caché dans ce tableau.

GREEN EYES / BLUE MOUTH	RED LIPS / BLACK EYEBROWS	BLACK MOUTH / GREEN EYES
YELLOW EYEBROWS / GREEN MOUTH	YELLOW EYEBROWS / BLACK MOUTH	BLACK EYEBROWS / GREEN LIPS
YELLOW LIPS / GREEN EYES	RED MOUTH / BLUE EYES	BLACK LIPS / BLUE EYEBROWS
RED EYEBROWS / BLACK LIPS	BLACK EYES / YELLOW LIPS	BLUE EYES / YELLOW MOUTH

MOT SECRET :

L'INDICE N° 4 CORRESPOND À LA POSITION DE LA LETTRE « A » DANS LE MOT QUE TU AS TROUVÉ :

Non loin du tableau, au milieu de pots de peinture, tu trouves une feuille parsemée de taches colorées sur laquelle sont inscrites des phrases.

- *Ce sont des instructions destinées aux nouveaux arrivants,* expliques-tu. *Cependant, je devine qu'elles cachent un indice…*

Procède par déduction et donne une valeur à chaque tache avec le numéro du mot adéquat pour que les phrases soient logiques.

IN	ON	AT	TO
1	2	3	4

The Royal Albert Hall is London and opened 1871.
The Hall is closed Monday and every other day the show begins nine o'clock.
All musicians and artists must arrive half past seven and go backstage. Queen Victoria goes the Albert Hall every month, mainly Sunday. Welcome the great Royal Albert Hall!

L'INDICE N° 5 CORRESPOND AU RÉSULTAT DE L'OPÉRATION :

\- + - + - + - =

PUZZLE 6

Au milieu d'un capharnaüm d'instruments de musique, de costumes et d'accessoires hétéroclites, tu remarques deux tableaux découpés en plusieurs panneaux. Des lettres sont inscrites à leurs dos.

- Watson, une fois en place, ces toiles nous parleront…

Remets les deux tableaux dans le bon ordre. Cela te permettra de découvrir trois mots qui pourraient bien t'indiquer où se trouve la clé de la sortie.

E N D U R

E I T N

A H O P

RÉPONSE :

L'INDICE N° 6 CORRESPOND À LA POSITION DE LA LETTRE « O » DANS LE 3ᴱ MOT QUE TU AS TROUVÉ :

PUZZLE 7

En t'intéressant au piano, tu remarques que son clavier est bariolé. Une phrase est inscrite sur les touches et des formes colorées sont dessinées sur une feuille à la place de la partition.

MESSAGE SECRET :

_ _ _ _ _ _ _ _ _ _ ' _ _ _ _ _ _ _ _

- Ce message est un ordre, Watson. « The Voice of Jupiter » est le surnom du grand orgue du Royal Albert Hall. Je vous parie qu'un message se cache dans cette partition colorée…

Décode le message secret en te servant du clavier du piano.

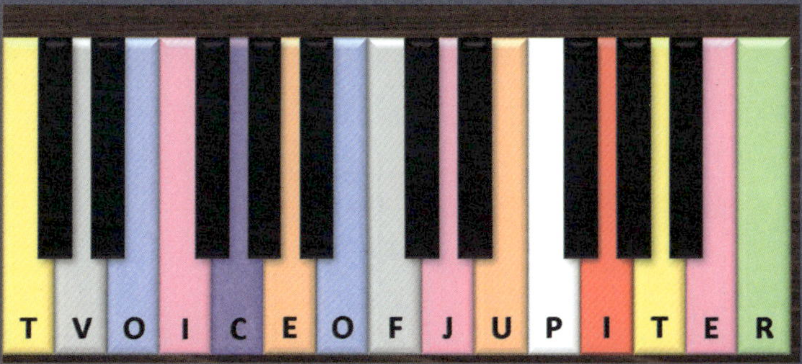

L'INDICE N° 7 CORRESPOND À LA POSITION DE LA LETTRE « R » DANS LE PREMIER MOT DE LA PHRASE QUE TU AS TROUVÉE :

ESCAPE WITH EVIDENCE 1: "WHERE"

Sous le piano, tu trouves une clé que tu t'empresses d'insérer dans la serrure de la porte qui vous retenait enfermés. Bravo, vous voilà sortis des coulisses du Royal Albert Hall !

- *J'ai l'impression que Moriarty joue avec nous, Watson.*
- *Nous avons perdu du temps,* répond le docteur. *Il doit être loin maintenant.*
- *Peu importe. Nous en savons assez pour suivre sa piste...*

Tu as recueilli suffisamment d'informations pour en déduire l'endroit où Moriarty va bientôt sévir.
Répertorie les numéros d'indices que tu as collectés.

Puzzle 1	Puzzle 2	Puzzle 3	Puzzle 4	Puzzle 5	Puzzle 6	Puzzle 7

CROISE MAINTENANT CHAQUE ÉNIGME AVEC LE NUMÉRO D'INDICE CORRESPONDANT ET NOTE LES LETTRES SUR LESQUELLES TU ABOUTIS SUCCESSIVEMENT DE HAUT EN BAS.

WHERE?	0	1	2	3	4	5	6	7	8	9
PUZZLE 1	Z	R	A	X	P	B	T	O	V	M
PUZZLE 2	Q	U	M	Y	G	N	W	J	E	L
PUZZLE 3	B	T	O	C	U	M	R	D	X	Q
PUZZLE 4	H	V	A	G	F	J	I	S	P	K
PUZZLE 5	E	P	S	Z	Q	D	Y	G	A	V
PUZZLE 6	C	E	W	M	J	U	T	O	R	X
PUZZLE 7	F	N	A	K	L	L	C	Q	M	U

LA RÉPONSE À LA QUESTION « OÙ ? » (*WHERE?*) EST ÉLÉMENTAIRE :

VICTORIA EMBANKMENT

UNDERGROUND VICTORIA EMBANKMENT

À peine sortis du Royal Albert Hall, vous traversez Kensington Gardens tout en discutant.

- *Vous comptez aller au British Museum, Holmes ?* demande votre ami.

- *Pas encore.*

- *Vous m'étonnez. Il est évident que Moriarty vise ce lieu.*

- *Vous avez raison, Watson, mais il faut d'abord se rendre sur les rives de la Tamise.*

- *Pourquoi ?*

- *Élémentaire : je suis persuadé qu'un indice important s'y trouve.*

- *Vous me déroutez, Holmes. En ce qui me concerne, je retourne au 221b Baker Street pour prévenir Mrs Hudson de votre retard.*

- Bonne idée, Watson. Dites-lui de ne surtout pas s'inquiéter et profitez-en pour l'aider à préparer le repas de fête qu'elle nous a promis.

Après avoir quitté Watson, tu prends un fiacre. Une fois arrivé au pied de l'obélisque surnommé « Cleopatra's Needle », tu pénètres dans les souterrains d'Embankment. Tout à coup, la grille se referme derrière toi !

PUZZLE 1

La station souterraine de Victoria Embankment est un véritable labyrinthe. Pour trouver ton chemin dans ses interminables couloirs, repère et raye sur les rails les mots se trouvant sur les affiches. Il te restera 11 lettres qui te permettront de découvrir l'endroit où tu viens d'arriver.

METROPOLITAN RAILWAY

Since 1863

Welcome to Victoria Embankment train station!

Every departure is on time.

Every arrival is on time.

No delay, always on schedule.

Our railway network is the best in the world!

IMPORTANT INFORMATION

All passengers must punch their tickets.

Do not forget your reservation receipt.

Check your platform, train and carriage numbers.

You are responsible for your luggage.

Have a good trip!

DEPARTURE = DÉPART	*SCHEDULE* = HORAIRE
ARRIVAL = ARRIVÉE	*RECEIPT* = REÇU
DELAY = RETARD	*LUGGAGE* = BAGAGE

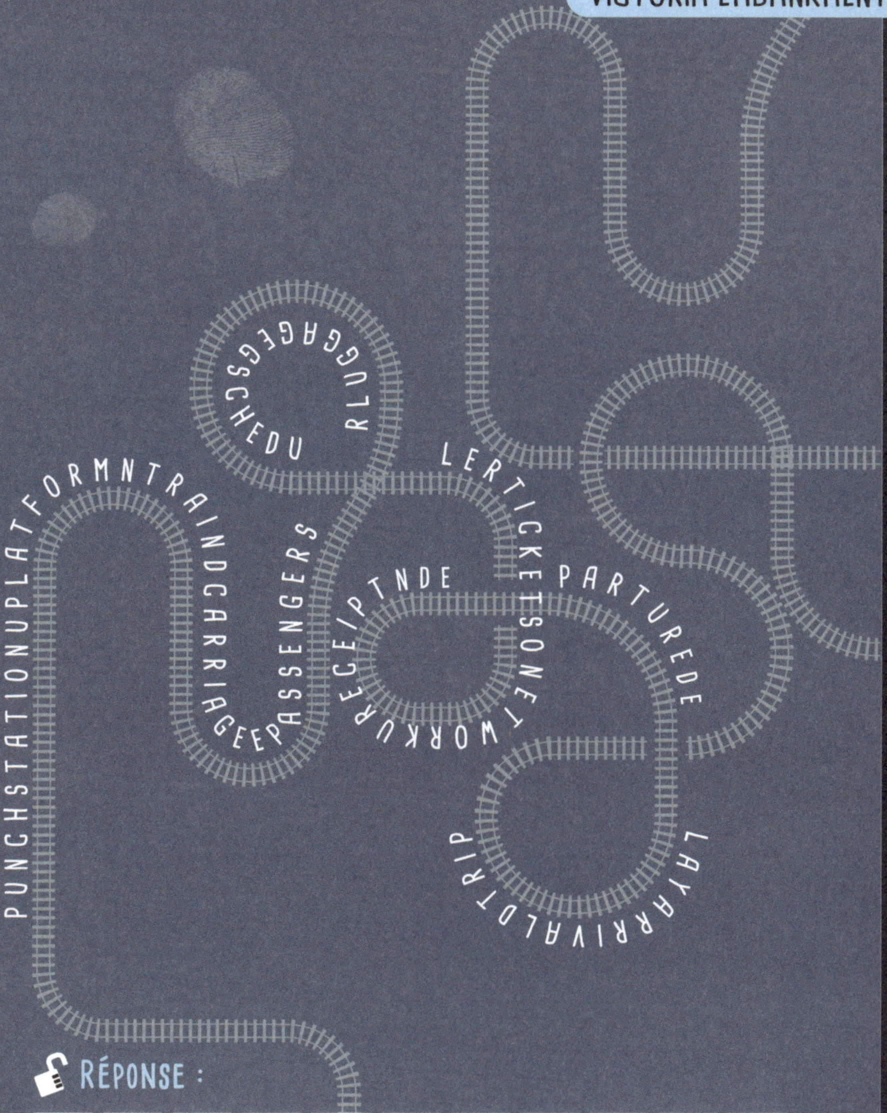

RÉPONSE :

L'INDICE N° 1 CORRESPOND À LA POSITION DE LA LETTRE « G » DANS LE MOT QUE TU AS TROUVÉ :

PUZZLE 2

Lorsque tu arrives dans la station de métro, plusieurs trains sont à quai. À cette heure tardive, il n'y a évidemment personne. Tu décides d'en profiter pour fouiller les wagons afin de chercher des indices. Pour savoir par lequel commencer, remets les wagons de chaque train dans l'ordre afin de former des phrases logiques.

1	IN	TUNNEL	THE	I'M	DARK	WALKING
2	CLUES	HERE	HOW	HIDDEN	MANY	ARE
3	MUCH	TICKET	A	IS	HOW	TRAIN
4	IS	GOING	TRAIN	THE	LEAVE	TO
5	MORIARTY	TRAIN	DOES	THE	TAKE	OFTEN

PHRASE 1 :

PHRASE 2 :

PHRASE 3 :

PHRASE 4 :

PHRASE 5 :

L'INDICE N° 2 CORRESPOND AU NOMBRE DE PHRASES QUI SONT DES QUESTIONS :

PUZZLE 3

Ton choix se porte sur un wagon dont la porte est entrouverte. À l'intérieur, tu examines méthodiquement tous les recoins. Complète la grille pour que chaque petit carré de 9 cases, chaque ligne et chaque colonne contiennent les lettres C, D, Y, R, I, E, S, O et V. Relève ensuite dans l'ordre, ligne par ligne, les lettres situées dans les cases colorées. Elles te permettront de trouver le mot qui complète la bulle.

O		V			Y		R	
E	S		R	D			O	
		R		V	I	E		
	D	C		O		Y		E
R	Y		V		E	I		S
		S	I		D		C	
		I			O		Y	
C			Y		V	S	I	D
	R	D		I	S			V

I MADE AN INTERESTING

_ _ _ _ _ _ _ _ _ _

L'INDICE N° 3 CORRESPOND À LA POSITION DE LA LETTRE « Y » DANS LE MOT QUE TU AS TROUVÉ :

PUZZLE 4

Tu as fait une découverte intéressante. Entre deux coussins d'une banquette, tu trouves en effet des tickets qui ont été déchirés. Reconstitue chaque ticket en t'aidant des couleurs pour former des mots, puis compose une phrase logique.

PHRASE : - - - - - -   - - - - - -   - - - -
- - - - - - -   - -   - - - - - -

L'INDICE N° 4 CORRESPOND AU NUMÉRO DU TICKET SUR LEQUEL EST INSCRIT LE 4E MOT DE LA PHRASE : ☐

PUZZLE 5

Une lourde charge ? Voilà qui est intrigant. Pour y voir plus clair, remonte chaque lettre des mots colorés d'une place dans l'ordre alphabétique, complète les questions puis relie-les à leurs réponses. Additionne ensuite les valeurs correspondantes des questions et des réponses.

DID MORIARTY GO TO THE _ _ _ _ _ _ _? DPODFSU	1		1	NO, IT ISN'T, BECAUSE THE UNDERGROUND IS **CLOSED** AT NIGHT.	
IS THERE A _ _ _ _ _ _ _ _ _ _ _ THE BRITISH MUSEUM AND A **HEAVY LOAD**? MJOL CFUXFFO	2		2	YES, HE DID, BECAUSE I SAW HIM AT THE ROYAL ALBERT HALL.	
AM I FREE TO _ _ _ _ _ _ _ _ _ _? MFBWF	3		3	NO, I'M NOT, BECAUSE I'M **LOCKED UP** IN THE UNDERGROUND.	
IS IT POSSIBLE _ _ _ _ _ _ SOMEONE IN THIS STATION? UP NFFU	4		4	NO, SHE WON'T, BECAUSE DR WATSON WENT TO **WARN** HER.	
DOES MORIARTY COMMIT _ _ _ _ _ _ _ _ _ _ _ _ _? QFSGFDU DSJNFT	5		5	YES, THEY WILL, BECAUSE THEY ALWAYS **WORRY** ABOUT ME.	
WILL MRS HUDSON BE _ _ _ _ _ _ _ _ _ _ _ _ MY ABSENCE? XPSSJFE BCPVU	6		6	YES, HE IS, BECAUSE HE HAS **LOCKED** ME UP.	
IS MORIARTY _ _ _ _ _ _ _ _ ME? BGSBJE PG	7		7	NO, HE DOESN'T, BECAUSE HE ALWAYS **LEAVES** CLUES **BEHIND** HIM.	
WILL MRS HUDSON AND DR WATSON _ _ _ _ _ _ _ ME TONIGHT? XBJU GPS	8		8	YES, THERE IS, BECAUSE THE MUSEUM IS FULL OF **HEAVY** OBJECTS.	

L'INDICE N° 5 CORRESPOND À LA PLUS PETITE SOMME QUESTION + RÉPONSE : ☐

PUZZLE 6

Sur la banquette, tu remarques un journal ouvert à la page des mots croisés. Observe bien les cases noircies et identifie les mots qui se cachent derrière en te servant de la grille de décodage.

Escape City

135,789 WEEKDAYS

ESCAPE NEWS

VOL. 127 - NO. 39

On 26th December, for Boxing Day, a charity event will be organised at the British Museum. Tea and coffee will be free and in return, visitors will offer gifts to the poor. Come along and Merry Christmas to all donors.

THE TRUTH IS BLACK!

A	B	C	D	E	F
G	H	I	J	K	L
M	N	O	P	Q	R
S	T	U	V	W	X
Y	Z	0	1	2	3
4	5	6	7	8	9

_ _ _ _ _

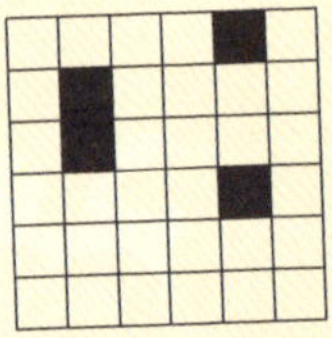

_ _ _ _

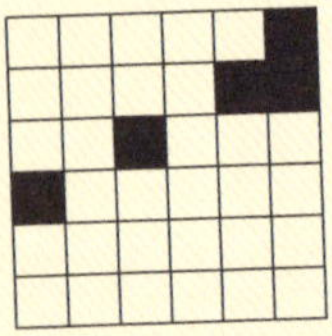

_ _ _ _ _ _

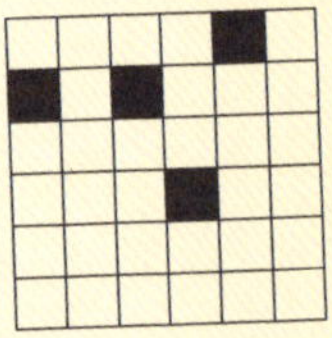

_ _ _ _

RÉPONSE : _ _ _ _   _ _ _ _   _ _ _ _ _   _ _ _ _

L'INDICE N° 6 CORRESPOND À LA POSITION DE LA LETTRE « G » DANS LE 4E MOT DE LA PHRASE :

PUZZLE 7

Toutes ces découvertes sont intéressantes, mais il faut penser à sortir. En quittant le wagon, tu remarques un local technique dont la porte est entrouverte. En y entrant, tu te trouves face à une console de régulation du trafic ferroviaire. Pour chaque voie, note la position de l'aiguillage qui permet d'obtenir une phrase correcte.

A ☐ A TRAIN IS A VEHICULE — 0 WHICH / 1 WHO — ROLLS ON RAILS.

B ☐ THE STATION IS A PLACE — 2 WHERE / 3 WHEN — YOU CAN GET A TRAIN.

C ☐ A DRIVER IS A PERSON — 4 WHO / 5 WHOSE — DRIVES THE TRAIN

D ☐ THE INSPECTOR IS A PERSON — 6 WHO / 7 WHICH — CHECKS THE TICKETS

E ☐ THE STATION MASTER WHISTLES — 8 WHICH / 9 WHEN — THE TRAIN LEAVES.

L'INDICE N° 7 CORRESPOND AU RÉSULTAT DE L'OPÉRATION E + D - C - B + A : ☐

PUZZLE 8

Un tableau de boutons surmonté de schémas de trains attire ton attention. Leurs liaisons sont débranchées. En te servant des mots de la grille que tu dois associer par couples (tu peux les colorier), complète les phrases pour qu'elles soient correctes. Relie ensuite les couples de boutons de façon qu'aucune liaison ne se croise et que toute la grille soit occupée. Enfin, suis l'exemple et note pour chaque phrase le nombre de cases occupées par l'ensemble bouton-liaison-bouton correspondant.

A	THE GREEN TRAIN IS _ _ _ _ _ _ _ _ _ _ THE YELLOW ONE.	
B	THE BLUE TRAIN IS _ _ _ _ _ _ _ _ THE GREEN ONE.	
C	THE GREEN TRAIN IS _ _ _ _ _ _ _ _ _ _ _ THE ORANGE ONE.	
D	THE ORANGE TRAIN IS THE LONGEST OF THE FOUR.	15
E	THE YELLOW TRAIN HAS _ _ _ _ _ _ _ _ _ _ _ _ _ _ OF WAGONS.	
F	THERE ARE _ _ _ _ WAGONS ON THE ORANGE TRAIN _ _ _ _ _ _ THAN THE YELLOW TRAIN	

LONGER		THAN	LONGEST			
AS LONG					THAN ON	
THE LEAST		MORE		AS		
NOT AS						
	THE			NUMBER		
						LONG AS

L'INDICE N° 8 CORRESPOND AU RÉSULTAT
DE L'OPÉRATION F - E + D - C + B - A =

PUZZLE 9

Une fois connectés, les boutons te permettent de déverrouiller une porte surmontée de la mention « *EXIT* ». Elle s'ouvre sur un couloir donnant sur la rue. Tout en marchant, tu repenses aux indices que tu as déjà découverts. Les idées se bousculent dans ta tête. Associe les mots de la colonne de gauche à leurs contraires et additionne les valeurs correspondantes.

BORING = ENNUYEUX
FAST = RAPIDE
SLOW = LENT
FAILURE = ÉCHEC
CHEAP = BON MARCHÉ
EXPENSIVE = CHER
GUILTY = COUPABLE

BORING	0	0	HOT	
FAST	1	1	EXPENSIVE	
RICH	2	2	DEPARTURE	
SUCCESS	3	3	LIGHT	
HEAVY	4	4	CLOSE	
CHEAP	5	5	INNOCENT	
GUILTY	6	6	POOR	
OPEN	7	7	FAILURE	
ARRIVAL	8	8	INTERESTING	
COLD	9	9	SLOW	

L'INDICE N° 9 CORRESPOND À LA PLUS PETITE SOMME MOT + CONTRAIRE :

ESCAPE WITH EVIDENCE 2: "*WHEN*"

Bravo, tu es sorti du métro !
Comme tu t'y attendais, cette exploration s'est révélée utile pour ton enquête. Tu as appris que Moriarty prévoit de s'attaquer à une charge lourde qui a un rapport avec le British Museum.
De plus, tu as recueilli suffisamment d'informations pour savoir quand il va agir.
Répertorie les numéros d'indices que tu as collectés.

Puzzle 1	Puzzle 2	Puzzle 3	Puzzle 4	Puzzle 5	Puzzle 6
Puzzle 7	**Puzzle 8**	**Puzzle 9**			

CROISE MAINTENANT CHAQUE ÉNIGME AVEC LE NUMÉRO D'INDICE CORRESPONDANT ET NOTE LES LETTRES SUR LESQUELLES TU ABOUTIS SUCCESSIVEMENT DE HAUT EN BAS.

WHEN?	0	1	2	3	4	5	6	7	8	9
PUZZLE 1	A	R	Q	Y	G	K	B	T	V	P
PUZZLE 2	C	G	S	O	H	U	M	L	X	W
PUZZLE 3	N	J	D	P	E	F	Q	B	C	X
PUZZLE 4	O	V	C	R	G	I	T	A	K	Z
PUZZLE 5	E	H	L	N	P	B	R	U	P	V
PUZZLE 6	Y	G	F	T	Z	A	D	X	N	M
PUZZLE 7	R	U	C	Q	B	I	V	H	L	D
PUZZLE 8	H	P	E	J	N	S	M	A	Z	X
PUZZLE 9	D	T	Q	A	M	K	Y	C	V	O

LA RÉPONSE À LA QUESTION « QUAND ? » (*WHEN?*) EST ÉLÉMENTAIRE : _ _ _ _ _ _ _ _ _

BRITISH MUSEUM

Alone in the British Museum

Sitôt sorti du métro, tu te rends en fiacre au British Museum. Ce bâtiment monumental est un temple de l'Histoire et de la culture humaine. À cette heure tardive, il devrait être fermé. Pourtant, lorsque tu arrives devant l'entrée, tu remarques qu'une porte secondaire est entrouverte. Tu profites de cette opportunité pour entrer. Peu après, tu entends des bruits de pas au-dehors. C'est le gardien. Il voit la porte ouverte et il la verrouille à double tour. Te voilà seul dans le British Museum. Le fait d'être emprisonné dans les murs du musée ne te gêne pas du tout. Tu vas en profiter pour explorer les lieux et tenter de déterminer sur quel objet Moriarty a jeté son dévolu.

PUZZLE 1

Les indices que tu as trouvés jusqu'ici te conduisent à te rendre dans la partie égyptienne du musée car elle contient des trésors inestimables qui ne peuvent qu'attiser la convoitise de Moriarty. Le musée est immense et tu t'arrêtes devant un panneau indicateur. Trouve l'illustration qui n'est pas décrite sur le panneau et relève le numéro auquel elle est associée.

ANCIENT EGYPT

←	↑	→
Pottery	Sarcophagi	Statues
Jewellery	Mummies	Hieroglyphs
Clothing	**Deities**	Papyrus

L'INDICE N° 1 CORRESPOND AU NUMÉRO QUE TU AS TROUVÉ : ☐

PUZZLE 2

Dans la première salle que tu traverses, tu découvres une maquette de pyramide sur laquelle des nombres sont inscrits. Complète la pyramide en sachant que chaque nombre est la somme de ceux qui se trouvent sur les deux pierres situées en dessous. Pour t'aider, les nombres manquants sont inscrits en toutes lettres sur des blocs séparés. Une fois la pyramide complétée, identifie le dernier mot de la phrase en déchiffrant, à l'aide du décodeur, le nombre se trouvant au sommet.

DÉCODEUR :

0	E
1	S
2	N
3	R
4	B
5	H
6	U
7	P
8	A
9	L

TABLEAU DES NOMBRES MANQUANTS :

TWO THOUSAND AND FORTY-TWO	THREE THOUSAND AND TWENTY-SIX	EIGHT THOUSAND SIX HUNDRED AND FIFTY-ONE	TWO HUNDRED AND THIRTEEN	FIVE THOUSAND SIX HUNDRED AND TWENTY-FIVE
SEVEN THOUSAND ONE HUNDRED AND EIGHTY-SIX	SIX HUNDRED AND FORTY-TWO	THREE THOUSAND THREE HUNDRED AND FORTY-SEVEN	FIFTEEN THOUSAND EIGHT HUNDRED AND THIRTY-SEVEN	FOUR THOUSAND ONE HUNDRED AND SIXTY

RÉPONSE : THE PYRAMIDS ARE ☐☐☐☐☐

L'INDICE N° 2 CORRESPOND AU NOMBRE DE VOYELLES CONTENUES DANS LA PHRASE DE RÉPONSE COMPLÈTE : ☐

PUZZLE 3

Un peu plus loin, tu découvres deux statues de cire représentant des pharaons. Elles ont été offertes par le musée voisin de Madame Tussauds et cette particularité te fait t'y intéresser. Trouve 4 différences entre elles et identifie les parties du corps où elles se situent parmi la liste proposée. Relève les 4 chiffres correspondants et forme un mot qui complète la phrase à l'aide du décodeur.

0 KNEE	1 LEG	2 EYE	3 HAND	4 CHEST
5 EAR	6 ELBOW	7 ARM	8 MOUTH	9 FOOT

DÉCODEUR :

0	1	2	3	4	5	6	7	8	9
G	M	E	L	R	O	C	A	H	D

PHRASE : FORMERLY, THE PHARAOHS WORE A LOT OF ☐☐☐☐

L'INDICE N° 3 CORRESPOND AU CHIFFRE DU DÉCODEUR ASSOCIÉ À LA 1RE LETTRE DU MOT QUE TU AS TROUVÉ :

PUZZLE 4

Moriarty s'intéresse-t-il à l'or des pharaons ? C'est possible, mais tu n'as pour l'instant aucune certitude. Dans une salle voisine, tu t'arrêtes devant une pancarte remplie de hiéroglyphes. Décode ce qui y est inscrit et forme des mots pour construire une phrase logique.

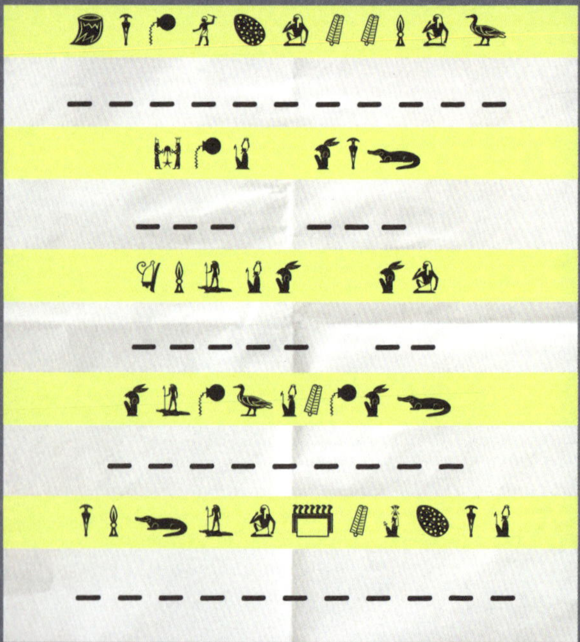

L'INDICE N° 4 CORRESPOND À LA POSITION DE LA LETTRE « R » DANS LE 7ᴱ MOT DE LA PHRASE :

PUZZLE 5

Au milieu de tous ces objets antiques, ta curiosité est en ébullition. Malgré ton enquête, tu as envie de tout savoir sur ces reliques égyptiennes. Associe chaque question à sa réponse. Additionne ensuite les valeurs correspondantes des questions et des réponses.

1. HOW OLD IS THE SPHINX?
2. HOW TALL IS THE CHEOPS PYRAMID?
3. HOW MANY SIDES HAS A PYRAMID?
4. HOW LONG IS THE NILE RIVER?
5. WHAT IS THE VOLUME OF THE CHEOPS PYRAMID?

1. USUALLY, AN EGYTIAN PYRAMID HAS FOUR SIDES.
2. IT IS SIX THOUSAND SIX HUNDRED AND FIFTY KILOMETERS, OR FOUR THOUSAND ONE HUNDRED AND THIRTY-TWO MILES.
3. IT IS CONSIDERED TO HAVE BEEN BUILT AROUND 2500 YEARS BEFORE CHRIST, SO IT IS ABOUT FOUR THOUSAND FOUR HUNDRED YEARS OLD.
4. IT IS TWO MILLION FIVE HUNDRED AND NINETY-TWO THOUSAND THREE HUNDRED AND FORTY-ONE CUBIC METERS.
5. ITS HEIGHT IS ABOUT ONE HUNDRED AND FORTY-SIX METERS, OR ONE HUNDRED AND SIXTY YARDS.

L'INDICE N° 5 CORRESPOND À LA PLUS GRANDE SOMME QUESTION + RÉPONSE :

PUZZLE 6

Toujours à l'affût d'exercices te permettant de parfaire ton sens de l'observation, tu t'intéresses maintenant à un magnifique papyrus.

	TRUE	FALSE
THERE IS A WOMAN WITH A BLUE **DRESS** IN THE **TREE**.	☐	☐
THERE ARE THREE PEOPLE ON ONE **KNEE**.	☐	☐
THERE ARE THREE MUSICIANS.	☐	☐
THE SNAKE HAS **WINGS**.	☐	☐
A WOMAN ON HER **KNEES** IS **PICKING FLOWERS**.	☐	☐

Comme beaucoup d'objets dans ce musée, il est dans un très bon état de conservation. Lis les affirmations et détermine si elles sont vraies ou fausses.

	TRUE	FALSE
THERE ARE TWO FISH.		
THE FRUIT IN THE TREE IS RED AND PINK.		
THERE ARE FOUR BIRDS.		
EVERYBODY IS WEARING GOLD JEWELLERY.		
A MAN IS CARRYING POTTERY.		

L'INDICE N° 6 CORRESPOND AU NOMBRE DE RÉPONSES « TRUE » QUE TU AS TROUVÉ :

PUZZLE 7

Tu t'engages dans un passage qui donne sur un couloir descendant en pente douce. Au sous-sol, tu découvres une voie ferrée souterraine. Une grue est posée sur les rails. Il s'agit certainement d'un système permettant au musée de charger et décharger les objets les plus lourds. Calcule la masse de chaque caisse à partir des indications qui te sont données, puis détermine la masse totale que soulève la grue.

TWO RED **BOXES WEIGH** ONE HUNDRED KILOGRAMMES.

ONE BLUE **BOX** AND TWO RED **BOXES WEIGH** TWO HUNDRED KILOGRAMMES.

TWO RED **BOXES** AND TWO YELLOW **BOXES WEIGH** FOUR HUNDRED KILOGRAMMES.

THE TOTAL OF ONE **BOX** OF EACH COLOUR **WEIGHS** FIVE HUNDRED KILOGRAMMES.

= KG

= KG

= KG

= KG

TOTAL CRANE LOAD = KG

CRANE = GRUE
LOAD = CHARGE, CARGAISON

L'INDICE N° 7 CORRESPOND À LA DIFFÉRENCE ENTRE LE 1ER ET LE 2E CHIFFRE DE LA MASSE TOTALE SOULEVÉE PAR LA GRUE :

PUZZLE 8

Sur le quai, tu remarques des rondins de bois. À quoi peuvent-ils bien servir ? Trouve les 4 rondins jaunes qu'il faut faire glisser pour faire sortir le rondin orange. En respectant l'ordre de déplacement des rondins, construis ensuite une phrase avec les mots associés aux rondins que tu as identifiés.

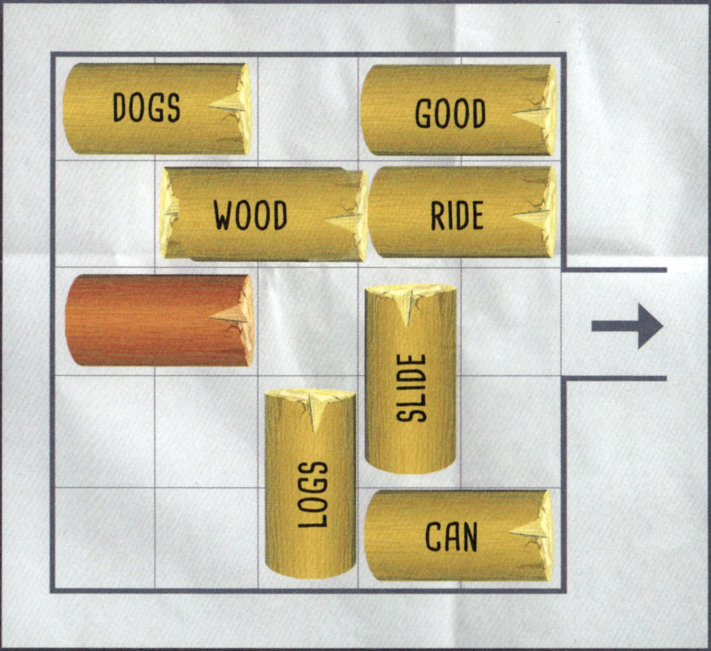

PHRASE :

_ _ _ _   _ _ _ _ _   _ _ _   _ _ _ _ _

L'INDICE N° 8 CORRESPOND À LA POSITION DE LA LETTRE « S » DANS LE DERNIER MOT DE LA PHRASE :

PUZZLE 9

Satisfait des découvertes que tu as faites au sous-sol, tu remontes dans le musée. Toujours émerveillé par ces superbes antiquités, tu tentes de remettre de l'ordre dans tes idées. Complète les cinq phrases avec les bons mots parmi les deux qui te sont proposés, puis utilise les 5 mots que tu as identifiés pour former une nouvelle phrase en t'aidant des couleurs.

A BIG STONE IS VERY ______ . — HEAVY / EASY

WOOD LOGS COULD ______ . — TOLL / ROLL

WOOD HAS AN ______ NUMBER OF LETTERS. — SEVEN / EVEN

MORIARTY ______ ESCAPE THE MUSEUM GUARD. — CAN / RAN

A CRANE ______ A TRAIN. — ROADS / LOADS

PHRASE :

_ _ _ _   _ _ _ _ _   _ _ _ _ _   _ _ _   _ _ _ _

L'INDICE N° 9 CORRESPOND À LA POSITION DE LA LETTRE « E » DANS LE 2E MOT DE LA PHRASE : ☐

PUZZLE 10

Tu passes devant une magnifique collection de sarcophages. Ils ont apparemment été déplacés et cela t'intrigue. Remets-les dans l'ordre en t'aidant des indications. Cela te permettra de former un mot qui complète la phrase.

I G I N H D

ORDER THE SARCOPHAGI:

- RED IS TO THE LEFT OF BLACK.
- YELLOW IS BETWEEN BLACK AND BLUE.
- BLUE IS TO THE LEFT OF GREEN.
- GREY IS THE MOST RIGHT.

A SARCOPHAGUS IS A GOOD _ _ _ _ _ _ PLACE.

L'INDICE N° 10 CORRESPOND À LA POSITION DE LA LETTRE « N » DANS LE MOT QUE TU AS TROUVÉ :

PUZZLE 11

Dans la salle dédiée aux divinités égyptiennes, tu remarques des statuettes aux couleurs chatoyantes. Elles ont été mélangées et, dans ce musée, c'est plutôt étonnant. Associe chaque divinité à la lettre qui lui correspond. Remets ensuite les lettres dans l'ordre des numéros et complète la phrase.

3	RA	THE **SUN** GOD	HE HAS A BLUE FALCON HEAD	_
8	ANUBIS	GOD OF **DEATH** AND EMBALMING	HE HAS A JACKAL HEAD	_
1	AMUN	GOD OF CREATION	HE HAS A HUMAN HEAD	_
6	THOTH	GOD OF WRITING AND SCRIBE	HE HAS AN IBIS HEAD	_
2	BASTET	GODDESS OF FAMILY	SHE HAS A CAT HEAD	_
7	HORUS	GOD OF PROTECTION AND HEALING	HE HAS A BLACK FALCON HEAD	_
5	OSIRIS	GOD OF **DEATH** AND RESURRECTION	HE HAS A GREEN HUMAN HEAD	_
4	ISIS	GODDESS OF FUNERARY RITES	SHE HAS A HUMAN HEAD	_

DISCOVERED IN 1799, DURING THE EGYTIAN CAMPAIGN OF

_ _ _ _ _ _ _ _

L'INDICE N° 11 CORRESPOND À LA POSITION DE LA LETTRE « P » DANS LE MOT QUE TU AS TROUVÉ :

PUZZLE 12

Tu arrives dans la dernière salle du musée dédiée à l'Égypte antique. Elle est remplie de fragments de statues, d'éléments architecturaux et de stèles garnies de hiéroglyphes. Sur le sol, tu trouves une feuille de papier sur laquelle quelques lignes ont été griffonnées. À l'aide de ces renseignements, trouve l'adjectif et le nom associés à chaque élément. Tu pourras ainsi y voir plus clair sur ce que mijote le professeur Moriarty.

CRANE AND **LOGS** ARE EFFICIENT AND AREN'T TREASURES.

CHARITY EVENTS AREN'T DISCRET AND CAN CREATE DIVERSIONS.

UNDERGROUND **RAILWAYS** ARE DISCRET AND ARE WAYS OUT.

	ADJECTIVES				NAMES			
	1	2	3	4	5	6	7	8
	DISCRETE	EFFICIENT	HEAVY	PERFECT	TREASURES	DIVERSIONS	MOVING TOOLS	WAYS OUT
ANCIENT EGYPTIAN OBJECTS								
UNDERGROUND RAILWAYS								
CHARITY EVENTS								
CRANE AND LOGS								

L'INDICE N° 12 CORRESPOND À LA SOMME DE L'ADJECTIF ET DU NOM ASSOCIÉS À L'ÉLÉMENT « OBJETS ANTIQUES ÉGYPTIENS » :

ESCAPE WITH EVIDENCE 3: "*WHAT*"

TOUS LES INDICES QUE TU AS TROUVÉS COMMENCENT À AVOIR DU SENS. ILS SEMBLENT LIÉS EN UN ENCHAÎNEMENT LOGIQUE QUE TOI SEUL PEUT RÉVÉLER AU GRAND JOUR. DE QUEL BUTIN MORIARTY VEUT-IL S'EMPARER EN CE LIEU CHARGÉ D'HISTOIRE ?
TU AS RECUEILLI SUFFISAMMENT D'INFORMATIONS POUR LE DÉCOUVRIR. RÉPERTORIE LES NUMÉROS D'INDICES QUE TU AS COLLECTÉS.

PUZZLE 1	PUZZLE 2	PUZZLE 3	PUZZLE 4	PUZZLE 5	PUZZLE 6

PUZZLE 7	PUZZLE 8	PUZZLE 9	PUZZLE 10	PUZZLE 11	PUZZLE 12

CROISE MAINTENANT CHAQUE ÉNIGME AVEC LE NUMÉRO D'INDICE CORRESPONDANT ET NOTE LES LETTRES SUR LESQUELLES TU ABOUTIS SUCCESSIVEMENT DE HAUT EN BAS.

WHAT?	0	1	2	3	4	5	6	7	8	9
PUZZLE 1	E	T	D	R	C	I	V	P	Q	Z
PUZZLE 2	M	K	Y	S	X	U	O	W	G	L
PUZZLE 3	S	B	N	A	H	J	F	Z	T	E
PUZZLE 4	D	C	G	F	E	S	U	M	B	X
PUZZLE 5	R	Y	P	W	Q	H	K	N	J	T
PUZZLE 6	G	X	C	I	L	T	P	U	H	K
PUZZLE 7	W	M	I	S	A	Z	C	B	F	L
PUZZLE 8	Y	S	K	V	D	A	H	M	N	W
PUZZLE 9	U	O	T	Q	E	R	B	C	V	L
PUZZLE 10	Z	W	F	U	K	O	N	H	P	R
PUZZLE 11	U	B	X	N	C	T	R	A	K	J
PUZZLE 12	T	Z	M	O	D	L	H	B	E	G

LA RÉPONSE À LA QUESTION « QUOI ? » (*WHAT?*) EST ÉLÉMENTAIRE :

DÉNOUEMENT

BRAVO, TU ES ARRIVÉ AU BOUT DE CETTE AVENTURE !

Tu sors du musée par une fenêtre, puis montes dans le premier fiacre disponible. Tu as réussi à t'échapper et à résoudre cette passionnante enquête. Grâce à ta logique et à ton sens de la déduction, tu sais maintenant exactement ce que prépare le professeur Moriarty. Il veut dérober la célèbre pierre de Rosette. Cette antiquité, qui est à la source de la compréhension des hiéroglyphes, a été rapportée de la campagne d'Égypte de Napoléon et fait désormais partie de l'incroyable collection du British Museum. Pesant près de 800 kg, elle nécessite des moyens de manutention et de transport appropriés. C'est ce que Moriarty a anticipé en se servant de rondins, d'une grue et d'un train. Il compte agir lors du Boxing Day, c'est-à-dire le lendemain de Noël, à la faveur d'une manifestation caritative organisée au musée qui lui servira de diversion.

Tu expliqueras tout cela à Scotland Yard et à l'inspecteur Lestrade dès que possible afin d'empêcher ton ennemi de commettre son méfait. Mais d'abord, c'est chez toi, au 221b Baker Street, que tu te rends. Mrs Hudson et Watson y sont certainement et tu salives d'avance en pensant au succulent repas qui t'y attend, même s'il risque d'être froid.

CONGRATULATIONS, SHERLOCK HOLMES!

SOLUTIONS

ROYAL ALBERT HALL

PUZZLE 1 P.8 - Indice : 5

THE 4 SEASONS - ANTONIO VIVALDI

WINTER SPRING SUMMER AUTUMN

PUZZLE 2 P.9 - Indice : 2

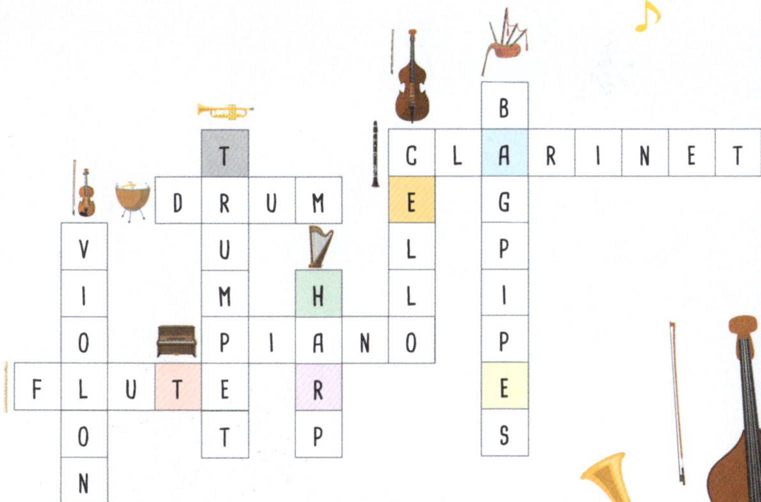

THEATRE

ROYAL ALBERT HALL

PUZZLE 3 P. 10 - Indice : 4

6

ALBERT

4

ISAAC

1

ANDREW

2

FRANKLIN

3

RON

5

CHARLES

Mot secret : AFRICA

Puzzle 4 P. 12 - Indice : 7

Mot secret : EGYPTIAN

ROYAL ALBERT HALL

PUZZLE 5 P. 14 - Indice : 0

The Royal Albert Hall is IN London
and opened IN 1871.
The Hall is closed ON Monday
and every other day the show begins
AT nine o'clock.
All musicians and artists must arrive
AT half past seven and go backstage.
Queen Victoria goes TO the Albert Hall
every month, mainly ON Sunday.
Welcome TO the great Royal Albert Hall!

2 - 3 + 4 - 2 + 3 - 4 + 1 - 1 = 0

PUZZLE 6 P. 16 - Indice : 5

U N D E R T H E P I A N O

Réponse : UNDER THE PIANO

PUZZLE 7 P. 18 - Indice : 8

Message secret : CLEOPATRA'S NEEDLE

NEEDLE = AIGUILLE

ESCAPE WITH EVIDENCE 1 *"WHERE?"* P. 20

Réponse : B. MUSEUM

PUZZLE 1	PUZZLE 2	PUZZLE 3	PUZZLE 4	PUZZLE 5	PUZZLE 6	PUZZLE 7
5	2	4	7	0	5	8

WHERE?	0	1	2	3	4	5	6	7	8	9
PUZZLE 1	Z	R	A	X	P	**B**	T	O	V	M
PUZZLE 2	Q	U	**M**	Y	G	N	W	J	E	L
PUZZLE 3	B	T	O	C	**U**	M	R	D	X	Q
PUZZLE 4	H	V	A	G	F	J	I	**S**	P	K
PUZZLE 5	**E**	P	S	Z	Q	D	Y	G	A	V
PUZZLE 6	C	E	W	M	J	**U**	T	O	R	X
PUZZLE 7	F	N	A	K	L	L	C	Q	**M**	U

SOLUTIONS

VICTORIA EMBANKMENT

PUZZLE 1 P. 24 - Indice : 6

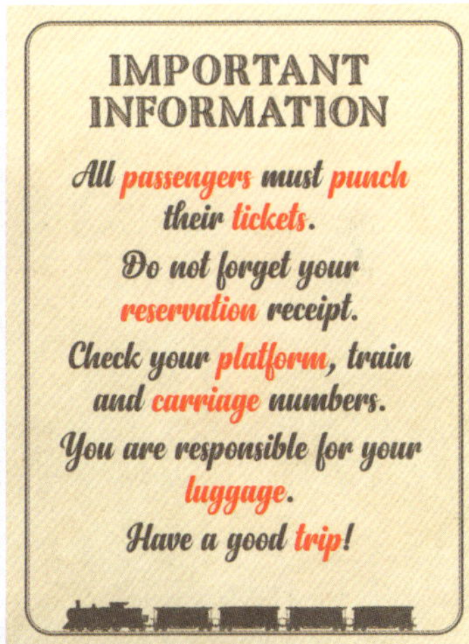

PUNCHSTATIONUPLATFORMNTRAINDCARRIAGEE
PASSENGERSRLUGGAGEGSCHEDULERTICKETSONETWORKU
RECEIPTNDEPARTUREDELAYARRIVALDTRIP

Réponse : UNDERGROUND

PUZZLE 2 P. 26 - Indice : 3

Phrase 1 : I'M WALKING IN THE DARK TUNNEL.

Phrase 2 : HOW MANY CLUES ARE HIDDEN HERE?

Phrase 3 : HOW MUCH IS A TRAIN TICKET?

Phrase 4 : THE TRAIN IS GOING TO LEAVE.

Phrase 5 : DOES MORIARTY OFTEN TAKE THE TRAIN?

VICTORIA EMBANKMENT

PUZZLE 3 P. 27 - Indice : 9

O	I	V	E	S	Y	D	R	C
E	S	Y	R	D	C	V	O	I
D	C	R	O	V	I	E	S	Y
I	D	C	S	O	R	Y	V	E
R	Y	O	V	C	E	I	D	S
V	E	S	I	Y	D	R	C	O
S	V	I	D	E	O	C	Y	R
C	O	E	Y	R	V	S	I	D
Y	R	D	C	I	S	O	E	V

I MADE AN INTERESTING DISCOVERY

PUZZLE 4 P. 28 - Indice : 5

Phrase : HEAVY (4), LOADS (6), MUST (1), TRAVEL (5), BY (3), TRAIN (2).

PUZZLE 5 P. 29 - Indice : 3

DID MORIARTY GO TO THE CONCERT?	1
IS THERE A LINK BETWEEN THE BRITISH MUSEUM AND A HEAVY LOAD?	2
AM I FREE TO LEAVE?	3
IS IT POSSIBLE TO MEET SOMEONE IN THIS STATION?	4
DOES MORIARTY COMMIT PERFECT CRIMES?	5
WILL MRS HUDSON BE WORRIED ABOUT MY ABSENCE?	6
IS MORIARTY AFRAID OF ME?	7
WILL MRS HUDSON AND DR WATSON WAIT FOR ME TONIGHT?	8

1	NO, IT ISN'T, BECAUSE THE UNDERGROUND IS CLOSED AT NIGHT.
2	YES, HE DID, BECAUSE I SAW HIM AT THE ROYAL ALBERT HALL.
3	NO, I'M NOT, BECAUSE I'M LOCKED UP IN THE UNDERGROUND.
4	NO, SHE WON'T, BECAUSE DR WATSON WENT TO WARN HER.
5	YES, THEY WILL, BECAUSE THEY ALWAYS WORRY ABOUT ME.
6	YES, HE IS, BECAUSE HE HAS LOCKED ME UP.
7	NO, HE DOESN'T, BECAUSE HE ALWAYS LEAVES CLUES BEHIND HIM.
8	YES, THERE IS, BECAUSE THE MUSEUM IS FULL OF HEAVY OBJECTS.

PUZZLE 6 P. 30 - Indice : 1

A	B	C	D	**E**	F
G	H	I	J	**K**	L
M	N	O	P	Q	R
S	**T**	U	V	W	X
Y	Z	0	1	2	3
4	5	6	7	8	9

A	B	C	D	**E**	F
G	**H**	I	J	K	L
M	**N**	O	P	Q	R
S	T	U	V	**W**	X
Y	Z	0	1	2	3
4	5	6	7	8	9

A	B	C	D	E	**F**
G	H	I	J	**K**	**L**
M	N	**O**	P	Q	R
S	T	U	V	W	X
Y	Z	0	1	2	3
4	5	6	7	8	9

A	B	C	D	**E**	F
G	H	**I**	J	K	L
M	N	O	P	Q	R
S	T	U	**V**	W	X
Y	Z	0	1	2	3
4	5	6	7	8	9

Réponse : TAKE WHEN FOLKS GIVE

VICTORIA EMBANKMENT

PUZZLE 7 P. 31 - Indice : 9

A 0

B 2

C 4

D 6

E 9

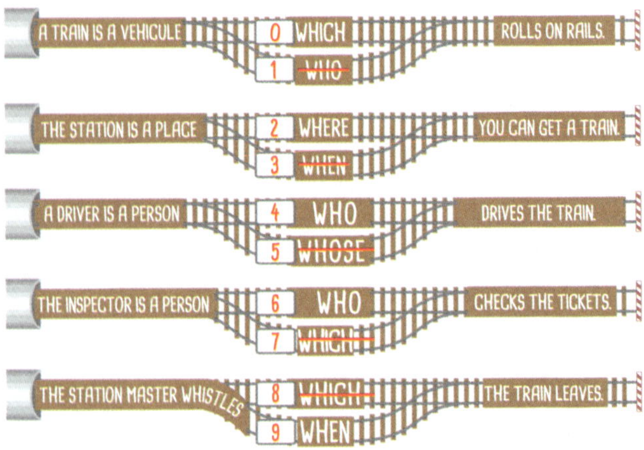

E + D - C - B + A = 9 + 6 - 4 - 2 + 0 = 9

PUZZLE 8 P. 32 - Indice : 7

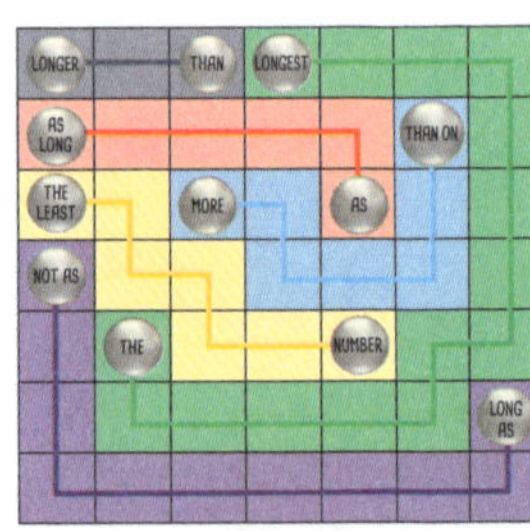

- A The green train is longer than the yellow one. → 3
- B The blue train is as long as the green one. → 6
- C The green train is not as long as the orange one. → 11
- D The orange train is the longest of the four. → 15
- E The yellow train has the least number of wagons. → 7
- F There are more wagons on the orange than on the yellow train. → 7

F - E + D - C + B - A = 7 - 7 + 15 - 11 + 6 - 3 = 7

PUZZLE 9 P. 34 - Indice : 6

BORING	0	0	HOT	0 + 8 =	9
FAST	1	1	EXPENSIVE	5 + 1 =	6
RICH	2	2	DEPARTURE	8 + 2 =	10
SUCCESS	3	3	LIGHT	4 + 3 =	7
HEAVY	4	4	CLOSE	7 + 4 =	11
CHEAP	5	5	INNOCENT	6 + 5 =	11
GUILTY	6	6	POOR	2 + 6 =	8
OPEN	7	7	FAILURE	3 + 7 =	10
ARRIVAL	8	8	INTERESTING	0 + 8 =	8
COLD	9	9	SLOW	1 + 9 =	10

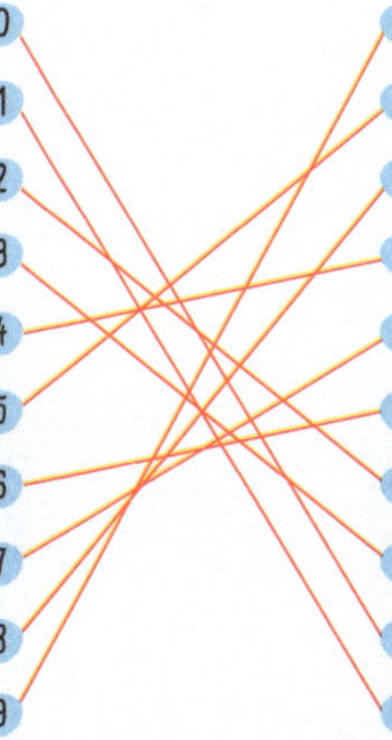

ESCAPE WITH EVIDENCE 2 "WHEN?" P. 20

Réponse : BOXING DAY

PUZZLE 1	PUZZLE 2	PUZZLE 3	PUZZLE 4	PUZZLE 5	PUZZLE 6	PUZZLE 7	PUZZLE 8	PUZZLE 9
6	3	9	5	3	1	9	7	6

WHEN?	0	1	2	3	4	5	6	7	8	9
PUZZLE 1	A	R	Q	Y	G	K	B	T	V	P
PUZZLE 2	C	G	S	O	H	U	M	L	X	W
PUZZLE 3	N	J	D	P	E	F	Q	B	C	X
PUZZLE 4	O	V	C	R	G	I	T	A	K	Z
PUZZLE 5	E	H	L	N	P	B	R	U	P	V
PUZZLE 6	Y	G	F	T	Z	A	D	X	N	M
PUZZLE 7	R	U	C	Q	B	I	V	H	L	D
PUZZLE 8	H	P	E	J	N	S	M	A	Z	X
PUZZLE 9	D	T	Q	A	M	K	Y	C	V	O

SOLUTIONS

BRITISH MUSEUM

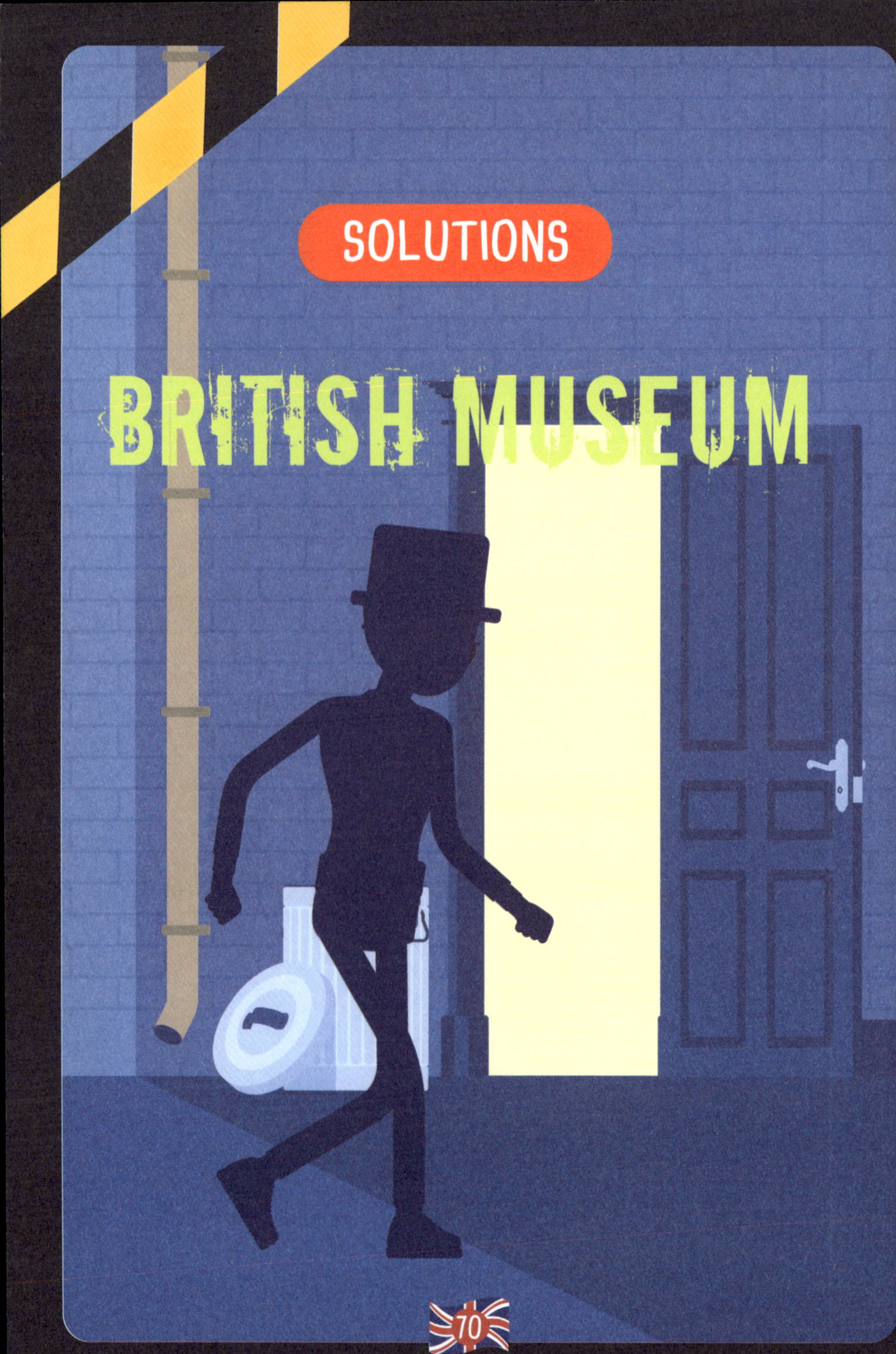

PUZZLE 1 P. 40 - Indice : 3

Le seul élément illustré qui n'est pas présent sur le panneau est la PYRAMIDE (3).

PUZZLE 2 P. 41 - Indice : 6

15837
8651 7186
5625 3026 4160
3412 2213 813 3347
1370 2042 171 642 2705

DÉCODEUR :

0	1	2	3	4	5	6	7	8	9
E	S	N	R	B	H	U	P	A	L

Réponse : THE PYRAMIDS ARE SHARP

PUZZLE 3 P. 42 - Indice : 0

Les différences sont situées au genou (*knee*), à la main (*hand*), à l'oreille (*ear*), et au pied (*foot*).

0 KNEE	1 LEG	2 EYE	3 HAND	4 CHEST
5 EAR	6 ELBOW	7 ARM	8 MOUTH	9 FOOT

DÉCODEUR :

0	1	2	3	4	5	6	7	8	9
G	M	E	L	R	O	C	A	H	D

Phrase : FORMERLY, THE PHARAOHS WORE A LOT OF GOLD

BRITISH MUSEUM

PUZZLE 4 P. 44 - Indice : 4

CHAMPOLION WAS THE FIRST TO TRANSLATE HIEROGLYPHS

PUZZLE 5 P. 45 - Indice : 9

1 HOW OLD IS THE SPHINX?	3 IT IS CONSIDERED TO HAVE BEEN BUILT AROUND 2 500 YEARS BEFORE CHRIST, SO IT IS ABOUT FOUR THOUSAND FOUR HUNDRED YEARS OLD.
2 HOW TALL IS THE CHEOPS PYRAMID?	5 ITS HEIGHT IS ABOUT ONE HUNDRED AND FORTY-SIX METERS, OR ONE HUNDRED AND SIXTY YARDS.
3 HOW MANY SIDES HAS A PYRAMID?	1 USUALLY, AN EGYTIAN PYRAMID HAS FOUR SIDES.
4 HOW LONG IS THE NILE RIVER?	2 IT IS SIX THOUSAND SIX HUNDRED AND FIFTY KILOMETERS, OR FOUR THOUSAND ONE HUNDRED AND THIRTY-TWO MILES.
5 WHAT IS THE VOLUME OF THE CHEOPS PYRAMID?	4 IT IS TWO MILLION FIVE HUNDRED AND NINETY-TWO THOUSAND THREE HUNDRED AND FORTY-ONE CUBIC METERS.

1 + 3 = 4

2 + 5 = 7

3 + 1 = 4

4 + 2 = 6

5 + 4 = 9

PUZZLE 6 P. 46 - Indice : 5

- ☒ THERE IS A WOMAN WITH A BLUE DRESS IN THE TREE.
- ☒ THERE ARE THREE PEOPLE ON ONE KNEE.
- ☒ THERE ARE THREE MUSICIANS.
- ☑ THE SNAKE HAS WINGS.
- ☑ A WOMAN ON HER KNEES IS PICKING FLOWERS.
- ☒ THERE ARE TWO FISH.
- ☑ THE FRUIT IN THE TREE IS RED AND PINK.
- ☑ THERE ARE FOUR BIRDS.
- ☒ EVERYBODY IS WEARING GOLD JEWELLERY.
- ☑ A MAN IS CARRYING POTTERY.

PUZZLE 7 P. 48 - Indice : 4

 = 50 KG  = 100 KG

 = 150 KG  = 200 KG

TOTAL CRANE LOAD = 950 KG

CRANE = GRUE

BRITISH MUSEUM

PUZZLE 8 P. 49 - Indice : 1

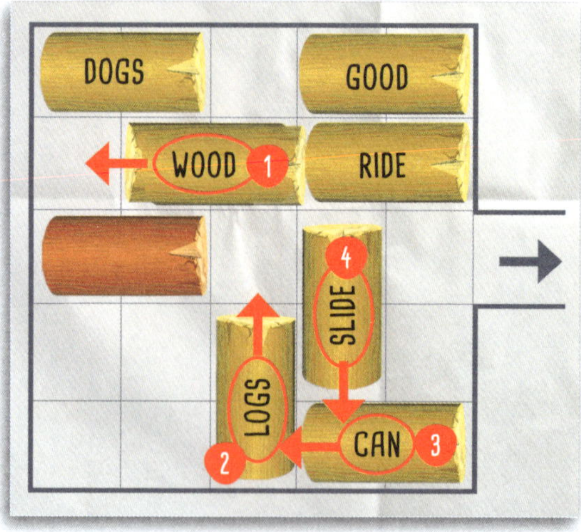

Phrase : WOOD LOGS CAN SLIDE

LOGS = BÛCHES ; *TO SLIDE* = GLISSER

PUZZLE 9 P. 50 - Indice : 2

A BIG STONE IS VERY HEAVY.

WOOD LOGS COULD ROLL.

WOOD HAS AN EVEN NUMBER OF LETTERS.

MORIARTY CAN ESCAPE THE MUSEUM KEEPER.

A CRANE LOADS A TRAIN.

Phrase : EVEN HEAVY LOADS CAN ROLL

PUZZLE 10 P. 51 - Indice : 5

H I D I N G

Phrase : A SARCOPHAGUS IS A GOOD HIDING PLACE

TO HIDE = SE CACHER

PUZZLE 11 P. 52 - Indice : 3

3	RA	THE SUN GOD	HE HAS A BLUE FALCON HEAD	P
8	ANUBIS	GOD OF DEATH AND EMBALMING	HE HAS A JACKAL HEAD	N
1	AMUN	GOD OF CREATION	HE HAS A HUMAN HEAD	N
6	THOTH	GOD OF WRITING AND SCRIBE	HE HAS AN IBIS HEAD	E
2	BASTET	GODDESS OF FAMILY	SHE HAS A CAT HEAD	A
7	HORUS	GOD OF PROTECTION AND HEALING	HE HAS A BLACK FALCON HEAD	O
5	OSIRIS	GOD OF DEATH AND RESURRECTION	HE HAS A GREEN HUMAN HEAD	L
4	ISIS	GODDESS OF FUNERARY RITES	SHE HAS A HUMAN HEAD	O

DISCOVERED IN 1799, DURING THE EGYTIAN CAMPAIGN OF NAPOLEON.

BRITISH MUSEUM

PUZZLE 12 P. 53 - Indice : 8

	ADJECTIVES				NAMES			
	1	2	3	4	5	6	7	8
	DISCRETE	EFFICIENT	HEAVY	PERFECT	TREASURES	DIVERSIONS	MOVING TOOLS	WAYS OUT
ANCIENT EGYPTIAN OBJECTS	0	0	X	0	X	0	0	0
UNDERGROUND RAILWAYS	X	0	0	0	0	0	0	X
CHARITY EVENTS	0	0	0	X	0	X	0	0
CRANE AND LOGS	0	X	0	0	0	0	X	0

ESCAPE WITH EVIDENCE 3 "WHAT?" P. 54

Réponse : ROSETTA STONE

PUZZLE 1	PUZZLE 2	PUZZLE 3	PUZZLE 4	PUZZLE 5	PUZZLE 6	PUZZLE 7	PUZZLE 8	PUZZLE 9	PUZZLE 10	PUZZLE 11	PUZZLE 12
3	6	0	4	9	5	4	1	2	5	3	8

WHAT?	0	1	2	3	4	5	6	7	8	9
PUZZLE 1	E	T	D	R	C	I	V	P	Q	Z
PUZZLE 2	M	K	Y	S	X	U	O	W	G	L
PUZZLE 3	S	B	N	A	H	J	F	Z	T	E
PUZZLE 4	D	C	G	F	E	S	U	M	B	X
PUZZLE 5	R	Y	P	W	Q	H	K	N	J	T
PUZZLE 6	G	X	C	I	L	T	P	U	H	K
PUZZLE 7	W	M	I	S	A	Z	C	B	F	L
PUZZLE 8	Y	S	K	V	D	A	H	M	N	W
PUZZLE 9	U	O	T	Q	E	R	B	C	V	L
PUZZLE 10	Z	W	F	U	K	O	N	H	P	R
PUZZLE 11	U	B	X	N	C	T	R	A	K	J
PUZZLE 12	T	Z	M	O	D	L	H	B	E	G

LEXIQUE

ANGRY : ÉNERVÉ(E)
ANXIOUS : ANXIEUX, ANXIEUSE
ARM : BRAS
ARRIVAL : ARRIVÉE
AUTUMN : AUTOMNE
BACKSTAGE : COULISSES
BAGPIPES : CORNEMUSE
BEGIN : COMMENCER
BEHIND : DERRIÈRE
BIRD : OISEAU
BOOKING : RÉSERVATION
BORED : ENNUYÉ, LAS
BORING : ENNUYEUX
BOX : CAISSE, BOÎTE
BUILD : CONSTRUIRE
CARRY : PORTER (QUELQUE CHOSE, QUELQU'UN), TRANSPORTER
CELLO : VIOLONCELLE
CHARITY : CHARITÉ
CHEAP : BON MARCHÉ, ABORDABLE
CHEST : TORSE
CLOSE : FERMER
CLOTHING : VÊTEMENTS
COLD : FROID
CRANE : GRUE
DARK : SOMBRE
DEATH : MORT
DEITIES : DIVINITÉS
DELAY : RETARD
DEPARTURE : DÉPART
DISCOVERY : DÉCOUVERTE
DRESS : ROBE
DRUM : TAMBOUR
EAR : OREILLE
ELBOW : ÉPAULE
EXPENSIVE : CHER
EVEN : PAIR, RÉGULIER, UNIFORME
EYE : ŒIL
EYEBROWS : SOURCILS
FAILURE : ÉCHEC
FAST : RAPIDE
FISH : POISSON
FOLKS : GENS, PERSONNES
FOOT : PIED
GIFT : CADEAU
GOD : DIEU
GOLD : OR
GUILTY : COUPABLE
HAND : MAIN
HAPPY : HEUREUX, HEUREUSE
HARP : HARPE
HEAVY : LOURD(E)
HIDE : CACHER, SE CACHER

HOT : CHAUD
INTERESTING : INTÉRESSANT(E)
JEWELLERY : BIJOUX
KNEE : GENOU
LEAVE : PARTIR, LAISSER
LEG : JAMBE
LIGHT : LÉGER
LIPS : LÈVRES
LOAD : CHARGE, CARGAISON
LOCK : ENFERMER
LOG : BÛCHE
LUGGAGE : BAGAGE
MANY : BEAUCOUP
MOUTH : BOUCHE
MUMMY : MOMIE
NETWORK : RÉSEAU
OFTEN : SOUVENT
OPEN : OUVRIR
PICK FLOWERS : CUEILLIR
PICK UP : RAMASSER
POOR : PAUVRE
PUNCH : POINÇONNER
RAILWAY : CHEMIN DE FER
RECEIPT : REÇU
RICH : RICHE
RIVER : RIVIÈRE, FLEUVE
SAD : TRISTE
SCARED : APEURÉ(E)
SCHEDULE : HORAIRE
SEASON : SAISON
SHARP : POINTU(E)
SLOW : LENT
SPRING : PRINTEMPS
SUMMER : ÉTÉ
SUN : SOLEIL
TRANSLATE : TRADUIRE
TRAVEL : VOYAGER
TREE : ARBRE
TRUMPET : TROMPETTE
UNDER : SOUS
VIOLIN : VIOLON
VOICE : VOIX
WARN : PRÉVENIR
WEAR : PORTER (VÊTEMENTS)
WEIGHT : PESER
WING : AILE
WINTER : HIVER
WORRY : SE PRÉOCCUPER, SE FAIRE DU SOUCI

Achevé d'imprimer en Roumanie par G Canale & C. SA
Dépôt légal : avril 2020 - 325750/01
N° de projet : 11043676 - avril 2020

PAPIER À BASE DE
FIBRES CERTIFIÉES

LAROUSSE s'engage pour
l'environnement en réduisant
l'empreinte carbone de ses livres.
Celle de cet exemplaire est de :
600 g éq. CO_2
Rendez-vous sur
www.larousse-durable.fr